ET SI MA VIE COMMENCAIT...
ENFIN !

SARAH   LEPERE

ET SI MA VIE COMMENCAIT...
ENFIN !

Autobiographie.

© 2019 Sarah LEPERE

Éditeur : BoD-Books on Demand
12-14 rond-point des Champs-Élysées, 75008 Paris
Impression : Books on Demand, Norderstedt, Allemagne

ISBN : 978-2-322085347
Dépôt légal : JUIN 2019

AVERTISSEMENT

LES NOMS ET PRENOMS CITES DANS LE PRESENT OUVRAGE ONT ETE VOLONTAIREMENT CHANGES , POUR CONSERVER L'ANONYMAT DES DIFFERENTS PROTAGONISTES.

L'AUTEUR

A toi mon plus beau rayon de soleil,
dans mes plus grosses tempêtes : je dédie ce livre.

Je ne pouvais commencer mon livre sans parler de toi...

Ce n'est qu'aujourd'hui que jela fais , et je te dédie ma délivrance au travers de mon écrit... Je ne t'évoque qu'ici mais tu as su, à l'époque où nous nous sommes connues, m'apaiser me délivrer de ma colère et de mes doutes... Je ne m'en rend compte que maintenant.

Tu as été l'une des premières infirmières à me suivre... Et c'était dur... ! T'en souviens-tu ?

Alors oui ! je t'aime.. T'aimer n'est pas le mot exact pour définir ce que je ressens pour toi... car c'est bien au-delà de ce sentiment que je suis liée à toi... tu es une belle personne au-delà de ton métier et de ton physique.

Tu m'as accompagnée pendant des années dans la peine comme dans la joie, dans la colère et la maladie... On aurait pu dire que nous étions en couple... Mais non, il n'en n'était rien. Et pourtant tu as été là, toujours y compris dans l'ombre à veiller un peu sur moi.

Je ne sais si tu vas lire mon livre, je ne t'y cite pas, mais le lieu où nous nous sommes rencontrées, existe bien lui!...

Mon histoire continue et si j'avais un souhait à faire, il serait que tu sois là... pas en tant qu'infirmière, même si j'en ai besoin, mais comme une amie. Alors, tu es dans mon cœur à vie.

A bientôt

A vous tous...
Ma... A... C... W et S...
qui êtes éloignés, proches ou près.

Je t'aime ma. Désolée pour tout... Tu sais, je ne suis pas un ange et tu vas vite le découvrir dans les quelques lignes qui suivent dans le livre, dans quelques pages où tu vas prendre peur... Tu m'as faite, je t'aime et te demande pardon pour la manière dont tes proches vont nous regarder à présent, mais je n'ai pas le choix de dire la vérité, comprends-tu ? Je n'ai plus le choix.
A toi, Am.
Où es-tu ? Que fais-tu ? M'entends-tu ? Je suis ton enfant . Je t'ai écrit une lettre que je te donnerai ou poserai sur ta tombe si j'apprends un jour que tu es parti... Pourquoi n'as-tu pas insisté pour me prendre avec toi ? Tu sais, l'homme qui était avec ma. n'était pas mon père...
Toi, je suis sûre et je le ressens, tu aurais étais un bon éducateur. Bien que cela fasse 27 ans que tu me laisses comme une bâtarde... ne te plains pas de ce qui est arrivé de 2014 jusqu'en 2015 : il faut surveiller ses enfants...
A toi, C. je t'en veux, un jour on en reparlera ; pour l'instant j'ai la colère, prends soin de mon neveu...
A toi, W. je t'aime et tu le sais, dt quoi qu'il se passe, toujours ensemble. Tu es un con, ça tombe bien, nous sommes issus de la même famille. Prends soin de toi...

A toi, ma Plus belle merveille S. merci de faire partie de notre famille, je devrais remercier C., mais C. et moi c'est compliqué, je t'expliquerai un jour. Je t'aime fort mon ange... Tu es la fierté de la famille, le sais-u ? Le petit guerrier que personne ne touchera car tu es bien entourée.... Et je te promets de me tenir toujours auprès de toi.

Pour tout les autres, je reviendrai dessus.

Je suis de votre sang, de votre histoire dont vous m'avez exclue pour certain en 2013, car je n'ai pas voulu me marier... Maintenant dire que je suis la honte de la famille, vous n'êtes pas mieux ! vous avez fait manger un pédophile dans votre maison, genre « vous ne le saviez pas »... Le seul et l'unique qui peut en parler est R., alors le reste, chut !

à toi W. qui es parti, ça me fait mal... Je t'aime, je sais que tu me surveilles de là où tu es...

Maintenant, à mes proches qui sont aussi mes « cousins », merci... Je vous aime plus que ce que vous croyez : je me sens de la famille quand je suis avec vous : d'ailleurs Tatie, en 2018, quand je lui ai dit que je me sentais seule depuis que ma. était partie dans le Nord, elle m'a regardée et m'a dit « tu es de la famille, tu es notre nièce, tu peux venir quand tu veux...Si tu as besoin, tu viens... ». Pardonne-moi Tatie. Merci de m'avoir dit ça. Depuis un moment, je me sentais plus du tout faire partie de cette famille et toi, tu m'as rassurée...

A toi, ma Fa. qui es partie au mois de mai 2019, je suis dévastée, j'ai des souvenirs plein la tête, avec toi, plus qu'avec tous les autres. Et je sais que tu veilleras sur nous...

Je vous aime tous. Mais sachez, que j'ai peur d'affronter vos regards une fois le livre publié.

Ce livre est une thérapie, ma thérapie et il est là aussi pour les enfants adolescents et les adultes qui ont connu la même aliénation que moi.

Mais aussi parce que je perds la mémoire... mais ça, on s'en fout.

Je vous aime.

Enfin à Toi. mon ami écrivain.
Sans toi rien n'aurait pu voir le jour.
par où commencer ?
Merci tout d'abord... Je t'aime. Pas d'amour tu le comprends bien...
Tu as su lire entre les lignes de mon personnage. De brouillons en brouillons nous avons fini par écrire ce témoignage.
Tu m'as vu renoncer, échouer, tu as senti ma douleur. Tu m'as vu pleurer, crier, m'énerver. Tu as senti dès le début que mon histoire n'était pas « du vent » et que j'en souffre encore aujourd'hui.
J'ai douté de toi comme je doute de tout le monde. Mais tu as su me prouver que tu ne jugeais pas mes propos. Et que ce qui t'importait, c'était moi.
La peur Ph. ! L'angoisse.. Tu me connais, la peur qu'on « m'entube »... Tu le sais, je le sais je te l'ai dit. Mais je t'aime mon ami tu es le seul qui ne m'ait pas jugé.
 Alors , merci.
Je te promet que si notre « bébé » marche, tu partiras avec moi partout où il faudra.
Prend soin de toi mon seul et grand ami.

SARAH

Pour écrire ce témoignage, j'ai dû fouiller ma mémoire avec difficulté et parfois avec douleur. Quand cela n'était pas possible, maman m'a aidée à y voir plus clair, parfois, et c'est grâce aux dossiers de l'A.S.E. (Aide Sociale à l'Enfance) que j'ai reconstitué la période de 1992 à 1997 avec précision.

Alors mon histoire, mon début de vie, les voici :

Ma m'a dit que ma vie a commencé par un pari, celui qu'elle a fait avec sa meilleure amie de l'époque.
Cette amie s'occupait de mon frère à Nîmes. Ma. n'en avait pas le courage.
Un soir bien arrosé, ma a dormi chez elle. Cette amie avait rencontré dans un bar son ex copain Am. Bien évidemment, il est rentré avec nous.
Après un autre verre, il a fallu se coucher. Et quelques discussions plus tard, entre femmes alcoolisées, ma a décidé, sans le connaître vraiment, de dormir avec lui sur le canapé.
Et ce qui devait arriver...
Je suis née neuf mois plus tard.
Je m'appelle Sarah. J'ai 27 ans. Je suis une métisse.
Ma s'appelle Zo., pa, Am.
J'ai un frère W. Et une sœur C. Issus d'une autre union.
W. a 29 ans, et C. 35, à ce jour.
Quand ma. a enfin réalisé qu'elle était enceinte, décision fut prise d'emménager avec Am.

Il était légionnaire. Ce ne fut pas facile pour lui de pouvoir quitter son cantonnement. Mais cela se fit . Jour après jour, le temps passa entre missions à l'extérieur et retours, et maman qui l'attendait.

C'est alors, décidant de mettre de l'ordre dans l'appartement, qu'elle découvrit une enveloppe épaisse : les documents officiels d' Am. En provenance d'Afrique. Elle l'ouvrit avec un mélange de curiosité et d'appréhension. A cet instant, tout le monde auquel elle croyait s'écroula brutalement : elle apprit qu'il était déjà marié, au Sénégal, avait 7 enfants et une maison.

Ma est tombée des nues à la fois effondrée mais aussi en colère.

Elle a beaucoup pleuré, pleuré et au retour de mon père, sa décision était prise : elle lui a hurlé de dégager de la maison. Ce qu'il a fait.

Comme un voleur, il a fui le domicile conjugal 4 mois avant ma naissance.

(Il serait revenu la voir après ma naissance, pour lui imposer de me prendre en Afrique en lui disant que ma vraie mère était là-bas. Face à son indignation et son refus, il lui a jeté un sort, lui promettant toutes les souffrances possibles...)

Ma a quitté Nîmes pour Castelnaudary dans l'Aude et c'est à ce moment-là que mon père adoptif est rentré dans notre vie en 1992 : j'allais avoir 1 an.

Il s'appelle J. L. *(à ce jour, je le déteste et j'ai honte de porter son nom).*
A cette l'époque, il a accepté de nous reconnaître W. et moi.
Quand j'ai eu 20 mois, le Centre Maternel de Carcassonne m'a prise en charge. Ma n'en était pas capable.
*Quelques années plus tard, et jusqu'à mes 21 ans, c'est l'**A**ide **S**ociale à l'**E**nfance qui m'a apporté un semblant d'éducation.*
Ma, est toujours restée "ma *comtesse*".
L'A.S.E. sera comptable de mon dossier.

Voici l'histoire de mon métissage, de mes douleurs et de mes quelques joies.
Voilà l'histoire de mon entrée dans la vie et de celle des autres, plus tard.
Le 3 Octobre 1991...
Je suis née à Castelnaudary, et maman avait 2 enfants : C vivait avec son père que je ne connais pas. W. vivait avec maman.
Au début, à ma naissance, maman s'est bien occupée de nous (W. et moi Sarah).
Elle nous a soignés, élevés, éduqués. Elle était là, simplement maternelle. Durant quelques mois, notre vie fut simple, belle et tranquille.
Jusqu'à l'irruption de J. L. dans sa vie, début 1992.

Ma. est tombée amoureuse de lui forcément et, bien évidemment, ils se sont unis le 30 Mai 1992. Ce mariage, je ne m'en souviens pas, j'étais un bébé.

Après quelques mois, ma. s'est rendu compte que l'homme qu'elle avait épousé, ne correspondait plus à celui qu'elle avait connu.

Il avait changé et elle, aveuglée par son amour pour lui, n'avait rien vu venir.

Il a commencé à manifester des signes de violence envers elle, violence morale d'abord, des réflexions dures, des gestes « limites » qui plus tard se sont transformés en violence physique. Ce fut le début de l'époque des gifles en travers du visage, de plus en plus fréquentes, puis des coups, quotidiens, des bleus sur le corps, de ces traces qui restent. Ma avait bien essayé quelques fois de se rebeller, mais face à la violence d'un homme, elle s'est mise à l'accepter, avec fatalité.

C'est elle qui m'a raconté ces moments douloureux (mon dossier A.S.E. l'évoque à son tour.)

Plus tard, J. s'est mis à prendre en grippe mon frère W. sans que j'en connaisse les raisons, même aujourd'hui.

Il ne le supportait plus et tout était prétexte pour l'insulter, le rabaisser. W. baissait la tête et acceptait sa souffrance en silence ; il rentrait tout à l'intérieur de lui...

Et enfin, J. a commencé à s'en prendre à moi. A avoir des gestes « bizarres » : ses mains qui m'ont caressées, d'abord sur le dos, sur la poitrine, puis le ventre et entre mes cuisses. Sur le dos ça chatouillait, mais entre les cuisses ça me faisait mal et de plus en plus mal. Je ne comprenais pas... Je n'avais pas 2 ans.

Mais je sais par le dossier de l'A.S.E. que ma a demandé un placement en centre maternel « à la suite de gestes incestueux effectués de la part de son mari Mr J. L. ». Pour me protéger, ma. a voulu fuir le domicile conjugal, (elle me l'a dit après), mais elle avait peur, très peur de J. L., qu'il se venge encore plus violemment, et la frappe définitivement. Alors elle a accepté de rester.

29 Mars 1993 : J'ai presque deux ans. Ma. prend enfin la décision de s'enfuir avec nous.

Ses affaires, celles de mon frère W et les miennes, sont jetées dans un sac poubelle.

Elle a le temps d'avertir l'assistance sociale N. de venir les récupérer.

Nous sommes partis comme des voleurs pendant l'absence de J.

Une amie de ma. nous a hébergés pour la nuit.

30 Mars 1993 : Carcassonne. L'assistance sociale a pu nous récupérer et nous orienter vers le Centre Maternel de la ville de Carcassonne. Ma. a su nous protéger pour une fois.

Nous y sommes restés 3 mois.

Envoi d'un rapport de situation me concernant, de la part d'un cadre de la DDJ (Direction Départementale de la Jeunesse) : il me décrit comme "une enfant éveillée et très attachée à sa maman, avec un sommeil très agité".
Conclusion de l'ADAF (Association d'aide aux Familles) : "Mettre en place un suivi psychopédagogique indispensable en regard de la situation familiale actuelle".
Ma, en parallèle, organise notre retour sur Castelnaudary. Mais ma avec sa nouvelle solitude face à ses difficultés quotidiennes...! Elle reprit contact avec J.
13 Juillet 1993. L'assistante sociale demande une requête temporaire pour W. et moi, après que les services sociaux aient constaté les coups que J. m'avait portés : il ne me supportait plus, mais me touchait encore. Ses grosses mains que je détestais et qui me blessaient... Mais j'étais tétanisée à son contact.
Ma. est hospitalisée : des coups, des blessures, de la tristesse : il n'y a pas de solutions familiales possibles...Elle demande alors de l'aide pour nous protéger vraiment.
C'est l'assistance maternelle qui nous prend en charge, assez rapidement.
W. avait 4 ans et moi 2, toute petite encore...
Et si j'avais eu le choix de me rappeler ces moments ? L'aurais-je fait ?
Le Conseil Général, le 15 Juillet 1993, trouve la solution grâce à ses services sociaux : le Recueil Temporaire (RT) est accepté.

A cette époque, ma. savait malgré tout qu'elle ne pouvait pas nous assumer, nous offrir un environnement familial digne et aimant. Elle savait, et elle en souffrait sans le dire, mais avec une tristesse contagieuse.

Jusqu'au 15 Décembre 1993, nous avons pu rester avec elle.

Le 16 Décembre, ma était placée en centre d'hébergement à Carcassonne.

Elle souffrait beaucoup, déchirée entre son mari et nous... Est-ce qu'elle l'aimait encore ?

Je ne me souviens pas de tout de cette époque, sauf des larmes de ma.

W. et moi avons été placés à la Digne d'Aval, dans une famille d'accueil audoise.

Suite au placement, ma a souhaité nous revoir, au centre d'hébergement, à l'occasion d'une fête.

Une assistante sociale nous a accompagnés. J'étais heureuse d'y aller, de revoir « mamounette ».

Mon frère et moi avons été heureux, mais seulement l'espace d'un instant.

Le 7 Janvier 1994, après de longues semaines de visites, de retrouvailles et de séparations, ma a voulu nous reprendre... Ouf !

Elle aurait tout fait pour s'installer avec nous deux, W. et moi, à Limoux.

Mais le CMS (Centre Médico-social) de Castelnaudary a jugé qu'elle était encore trop fragile pour pouvoir nous assumer, qu'il serait préférable qu'elle puisse obtenir un séjour en Centre maternelle pour elle, W. et moi, et se préparer à une vie autonome de famille.

W., lui, était bien chez son assistante maternelle, il sentait qu'il était en sécurité.

Mais ma. était toujours avec J.

Les services sociaux ont décidé d'une prolongation de requête temporaire.

J'allais avoir 3 ans.

Le 24 Février 1994, à la suite d'une ordonnance de placement exécutoire décidée par le juge, W. et moi avons été placés chez Madame M, assistante maternelle d'urgence.

Pourquoi cette dame ? Pourquoi cela nous arrivait-il à nous, enlevés à ma., et placés chez cette dame qui ne nous aimait pas ?

Le 4 Mars 1994, passage devant le juge : à nouveau, des mots et des choses, des odeurs et des lumières, que je ne comprenais pas.

Placement encore, famille d'accueil de Mars 1994 à Août 1996 à Montréal dans l'Aude. Elle ne faisait que son "travail", sans câlins, sans rien, sans sourire, si ce n'est que de nous faire « à manger »... Et puis, ensuite, rien... pas un geste... rien.

Moi, je n'en garde pas de souvenirs particuliers, mais eux se souviennent bien de moi.

Bien plus tard, nous nous sommes revus tous ensemble, en famille, mais je ne savais pas trop quoi dire... Les mots manquent quand on n'apprend pas à parler étant petit.

27 Août 1996 : nouveau placement en famille à Pézens. Décision de justice. Famille d'accueil, encore. J'avais 5 ans et W. 7 ans.

Cette famille, Ah oui ! Je m'en souviens. Et si je m'en souviens, c'est parce qu'elle nous a accueillis comme si nous étions ses enfants, de la joie, du rire, des sourires, de la vie, des câlins, une main sur la tête, une caresse dans le dos... Enfin tout ça quoi !

9 mois de soleil, de neige, de bonheur dans lesquels W. et moi nous sentions bien.

Et, en plus, nous n'étions pas loin de l'endroit où habitait ma.

Et je dois dire que cette famille est bien celle que j'ai le plus aimée.

En parallèle les droits de visite ont été supprimés, à ma. et à J.

La conclusion du juge : « le couple « LEPERE » trop instable, avec des périodes de crises fréquentes ».

Ma. sait tout ça, bien que ça la fasse souffrir au plus profond d'elle, que les mesures de garde sont nécessaires, pour le bien de ses enfants et assurer leur stabilité scolaire.

Le juge a annoncé que la situation familiale serait revue en Juin 1997.

Pendant que le juge s'entretenait avec ma. et mon père adoptif, j'étais avec W. dans la salle d'attente. A la fin de l'entretien, la porte du bureau s'ouvre et je vois ma. sortir en pleurs. Je cours vers elle pour la serrer très fort contre moi.
Elle me regarde avec ses yeux pleins de larmes, s'agenouille à ma hauteur, me regarde et murmure près de mon oreille : "Sarah, je ne peux pas te récupérer pour que l'on vive ensemble. C'est comme ça pour le moment".
Je l'ai regardée en silence, et c'est moi qui me suis mise à pleurer, pleurer toutes les larmes de mon corps.
J'allais encore la perdre, je ne voulais pas partir sans elle. Je voulais rentrer avec elle, rentrer chez moi, malgré les attouchements de mon père adoptif.

Ma, je ne pouvais pas la laisser.
Elle s'est redressée alors, en me donnant un grand baiser plein de "je t'aime" et puis elle est partie, le dos voûté, sans se retourner.
Plus tard, le Président du Conseil Général en accord avec le juge des enfants lui a accordé un droit de visite pour chaque week-end et pendant les vacances scolaires.
C'était déjà bien. Je voyais ma., j'oubliais le reste. W. semblait heureux aussi.

En Juin 1997 le soleil a éclaboussé ma vie. J'ai pu rentrer chez ma et, revenir à ma maison, dans ma maison, avec W., avec ma, ma ma, attendant ses "je t'aime" et ses câlins.
Avec aussi un suivi éducatif qui a duré jusqu'en Juin 1998.

Il faut que je vous raconte deux anecdotes pendant ce suivi éducatif, anecdotes pas des moindres qui retracent ce que j'étais.
A l'école A. DAUDET de Castelnaudary ma prof' s'appelait Madame G. Je lui ai demandé un jour d'aller aux toilettes, et ce jour-là j'ai quitté l'école en cachette, j'ai fugué, pour partir seulement, sans but. Je ne sais pas qui m'a retrouvé mais je me souviens seulement de l'arrivée de la police. Je « leur » ai dit que j'avais été kidnappée, que je me souvenais de ce véhicule noir garé devant l'école au niveau du monument aux morts. Et c'est ainsi qu'ils m'ont montré la photo du propriétaire du véhicule : la photo du psychologue qui me suivait au CMS. Ils ont tout de suite vu que je mentais et m'ont laissée à l'école.
Quelques jours plus tard j'ai redemandé à la maîtresse d'aller aux toilettes. Elle ne m'a pas cru et... je me « suis fait dessus ». J'ai dû attendre midi pour me changer.
Un autre jour, j'ai ramené un couteau que j'avais volé à mon père J. (déjà..). Convocation devant la Directrice en présence de mes parents : elle leur dit que ce n'était plus possible et qu'ils devaient faire quelque chose pour que ça change.

Enfin je reprends : nous retrouvions le cocon familial avec ma. près de nous.

Son mari, mon père adoptif J., travaillait, était absent la semaine et quand il était à la maison les orages revenaient. Il n'a jamais été un père, jamais pris soin de nous, ne pensait qu'à lui. Quand il était désœuvré, il continuait à me toucher, à me faire vomir, me faire saigner dans un climat de terreur. Il a même pris l'habitude de m'obliger à des fellations complètes, comme un jeu pour lui (enfin je crois)...Mais je me taisais aussi, pour ma.

Et ça, c'est gravé sur ma peau, dans ma peau, dans mon esprit de façon indélébile.

Je me sentais terrifiée à l'idée de m'asseoir à côté de lui, à la table pour le repas, de voir ses mains qui m'avaient touchée, j'étais glacée à l'idée de voir ses yeux se poser sur moi, son regard d'homme puant que je vomissais par toutes les larmes de mon corps d'enfant.

Je pensais à W. qui sentait ma souffrance, qui voyait mes pleurs et regardait ma faire son ménage, se réfugier dans sa maison et faisait semblant de ne rien voir. Je ne sais pas si elle avait le courage nécessaire de nous protéger, ou le courage d'affronter.

Ce que je sais par contre, c'est qu'elle ne m'a pas crue, m'a traitée de menteuse quand un jour je lui ai tout avoué après qu'elle eut une violente dispute avec J.

Tous les détails, tous les moments quand elle était au travail et ne se doutait de rien.

Ce qu'elle a fait ? Elle m'a dit que désormais je regarderais la télé avec elle. Voilà sa décision.

Je me suis sentie un peu délivrée de ce poids jusqu'au jour où elle m'a demandé d'avouer ce que je lui avais confié, devant J. son mari.

Je suis restée sans voix, les mots bloqués dans ma gorge, les larmes aux yeux. Et ma mère a ajouté comme un coup d'épée :

«… alors pourquoi tu dis rien, tu m'as menti ? Mais qu'est-ce qui te manque à la fin ? »

Ma! Pourquoi ça ? C'était mon secret… Pourquoi, pourquoi ?

Avril 1998 : tribunal pour enfants. Le juge, maman, le directeur du foyer « Rayon de soleil » à Cabrespine tombent d'accord pour un placement provisoire dans la structure.

Septembre 1998 : début d'un court séjour éducatif au Foyer « Rayon de soleil ».

Mesure de placement AEMO (Action Educative en Milieu Ouvert) Il fallait, selon le juge et dans cet environnement neutre et professionnel, découvrir les causes des troubles de mon comportement, sachant que comme d'habitude, ma. et mon père adoptif ont revécu un épisode de séparation qui, encore une fois, nous a perturbés W. et moi.

Voilà le début de ma vie d'enfant, j'allais avoir mes 8 ans dans un combat d'adultes fait de souffrances et de manque de lumière, celle qui fait qu'on peut s'épanouir.

Voilà le bilan de l'AEMO me concernant :

« Sarah est une enfant instable qui connaît des troubles du comportement importants. Monsieur et Madame L. sont en demande d'aide éducative, mais les équipes éducatives sont désarmées devant la prise en charge psychologique de l'enfant. »

Je n'avais que 8 ans, 8 ans pendant lesquels je fus un objet et pas un être humain.

A l'issue d'une autre audience devant le juge, Ma. et mon père adoptif ont constaté que je semblais plus calme quand je revenais à la maison.

Mais ils étaient désespérés de ne plus savoir quoi faire pour moi.

Ils se sont donc résolus en 1999 à me confier pendant un an, à ce foyer : la « Maison d'enfants de Cabrespine ». Sans poser de questions et sans me demander mon avis.

J'y avais fait quelques séjours déjà en 1998 et l'équipe éducative savait que j'étais une enfant difficile.

Je m'en rends compte maintenant, je les ai aidés à poser à plat une problématique familiale que l'équipe ne connaissait pas : ce que peut cacher une famille « vraie », comme « tout le monde » face à un enfant au caractère éclaté.

Je me le rappelle bien ce foyer ! Il y avait un bon encadrement et l'école était à côté. La directrice, c'était une brave femme, maire de son village, que j'aimais bien, et puis il y avait la classe et ses garçons.

Je me rappelle de trois ou quatre qui me « mettaient » sur les nerfs, souvent, mais dans l'ensemble les journées se passaient bien. Un soir, j'étais dans ma chambre A K m'a rejointe et on a voulu faire comme les grands. On était au lit quand l'éducatrice est rentrée. Vous imaginez la suite...Son air interloqué ...Puis ses éclats de voix, et chacun chez soi avec pertes et fracas.

Il y eut durant les trimestres, d'autres « actions d'éclat » de ma part, et elle a baissé pavillon, ne voyant que rien avait prise sur moi. Elle a appelé mes parents, qu'ils viennent me chercher « qu'elle n'avait, elle et son équipe aucune solution pour moi et que je mettais en danger tout le monde ». J'ai quitté la maison d'enfants.

En 2000, nouveau jugement et replacement à nouveau, un an en foyer.

W. était toujours à la maison et moi j'étais en rage. J'en voulais à tout le monde et je ne comprenais pas pourquoi on me refusait de... l'amour, pourquoi on aimait Willy et pas moi, pourquoi c'est moi qui devais être éloignée et loin de ma ma.

Je sais que j'en ai souffert de cette absence de sentiments... si vous saviez !

J'en suis sortie en 2001, je venais d'avoir 10 ans.

De retour à la maison, et heureuse de retrouver Ma et W. Mais les difficultés quotidiennes du couple/parents ont continué à construire notre instabilité, W. se repliait sur lui et moi, toujours à fleur de peau.

Ma, s'en apercevait et faisant « contre mauvaise fortune bon cœur », elle a sollicité un placement qui lui fut accordé par le juge.
Re-départ en foyer.
Ma n'était plus là, avec nous. Elle avait divorcé d'avec J.
Mars 2002 : « Maison d'enfants à caractère social » « La LANDELLE » et école de « PALLEVILLE »
On y pose nos bagages. Je vais avoir 11 ans. W. est avec moi.
Ce foyer ! Je me le rappelle... J'étais comme on dit « border line ». J'y ai fait plein de conneries...J'ai fumé, fugué. J'ai tapé, dragué aussi.
J'insultais les éducateurs, j'étais « no limit »... J'avais « des problèmes de comportements » et donc...
C'est aussi allé plus loin. Les « problèmes de comportements » comme ils disaient, se résolvaient à leur façon, pour certains d'entre eux.. Ils ont bien profité de mon isolement, de mes faiblesses et...de mon corps
Pour moi c'était une évidence : J'avais rencontré le sexe, puisque j'étais la putain de mon « père ».
 Comme à tout temps, violence, domination et pouvoir.
Et ça continuait

Un foyer où j'aurais pu réussir, me reconstruire, me former, me faire aider et surtout commencer à panser mes blessures... et ben non. Un autre sale faubourg avec ses rues sales. La vie continuait sur cette pente.

Je me souviens de trois femmes qui travaillaient à l'école : N. la Directrice, E. l'assistante de la maîtresse et S. C'est elle dont je veux vous parler.

S. était la maîtresse des tout-petits. Je me rappelle une récréation pendant laquelle j'étais punie (une fois de plus). Après la sonnerie et une fois tout le monde sorti, S. vient me voir pour me demander pourquoi je suis punie. De fil en aiguilles elle passe toute le temps de la récréation avec moi. Et cela s'est reproduit une autre fois.

Une adulte qui passait du temps avec moi, à m'écouter, et simplement être avec moi. J'avais 10 ans et je m'aperçois aujourd'hui combien cette présence était importante dans ma solitude.

Et cette femme a été naturellement la première que j'ai aimée spontanément comme une mère absente.

Mais, une anecdote dont je me rappelle, liée à ce foyer : celle du paquet de cigarettes.

Je n'avais pas vu mon père adoptif depuis un an. Un week-end l'éducatrice est venue nous chercher : quelqu'un nous attendait à REVEL. Arrivés sur place... surprise ! Mon père adoptif était là devant nous, sourire aux lèvres.

Les retrouvailles se sont bien passées, le passé s'éclipse avec un sourire.

Une fois l'éducatrice partie, notre père nous a emmenés dans un bar. Nous avons pris une fraise-limonade. Puis il nous a demandé ce que nous voulions fumer. Je n'ai pas répondu, échaudée que j'étais par la possession de cigarettes. Il a insisté. J'ai alors répondu que je voulais des CAMEL et mon frère des MARLBORO. J'étais un peu sur la défensive mais après tout, c'était un adulte.

Ensuite, fête foraine, on s'est bien amusés ; j'y ai même gagné un pistolet à billes. J'étais heureuse, puissante !

Un pistolet à billes, bien serré dans ma poche. Puis le temps de la séparation, comme ça sans trop d'effusions. Nous retournons au foyer.

Le soir après le repas, je m'éclipse pour fumer dans le parc, derrière un sapin.

C'est alors que j'entends brusquement :

« Sarah, monte il faut qu'on parle. » Je jette ma cigarette.

Je sors de ma cachette et me trouve nez à nez avec l'éducatrice :

« Tu es grande maintenant, non ? Alors montre-moi ce que tu as dans tes poches

« Je n'ai rien dans mes poches »

« Ne fais pas l'imbécile, s'il te plaît »

Je fouille ma poche je lui tends mon paquet de cigarettes et le briquet.

J'étais amère, dégoûtée et furieuse.

De retour à ma chambre j'ai joué avec le pistolet à billes. Les filles m'ont demandé si c'était un vrai. J'ai dit que oui bien sûr que c'est un vrai.

Le lendemain c'est le directeur qui est venu pour faire fouiller mes affaires.

Il a trouvé le pistolet et l'a pris.

J'ai été punie à nettoyer le champ des animaux du foyer en plein été, en pleines vacances. Voilà ! Toujours le monde des adultes, de ses privations et punitions pour me faire comprendre ! Aucune compréhension.

Ce qui était à moi que j'avais gagné, envolé, confisqué.

Voilà cette anecdote, une déception de plus, une dépossession de plus.

  J. lui s'était déjà mis en ménage avec une femme de sa région natale : Beauvais.

Elle s'était installée chez lui avec ses 2 enfants et elle nous a acceptés comme ses enfants. Mais moi j'ai demandé par l'intermédiaire du foyer, l'arrêt de visites chez J. et sa compagne, ça devenait trop dur. Je ne pouvais plus le voir. Le passé remontait à la surface.

La médiation a été différée. Mais je souhaitais, au moins une fois, pouvoir m'exprimer le jour de l'audience.

Entre temps, c'est W. que J. avait pris comme « confident ».

Combien de fois il a essayé de nous monter l'un contre l'autre.

Enfin ! Je supposais que le monde des adultes fonctionne comme ça…

Quant à ma, c'était difficile de son côté, entre le divorce, la demande de tutelle, être séparée de nous, son état dépressif...

Elle savait qu'elle avait des difficultés avec nous, imposer un cadre de vie, nous éduquer comme elle l'aurait voulu... Elle ne savait pas faire, et elle le savait.

Mais malgré tout ça, elle s'accrochait comme une louve, à l'idée de nous recevoir (bien que je lui en aie fait voir des « vertes et des pas mûres »), mais un retour à la maison n'était pas envisageable.

Nous étions toujours les « petits pensionnaires » du foyer d'accueil de la « Landelle », W. et moi.

J'ai 11 ans. J'ai toujours des difficultés avec certains jeunes de « La Landelle ». Je ne supporte pas la vie telle qu'elle est ici, dans nos petits pavillons, tous ensemble et à se pourrir « la gueule » chaque soir, ou être prise pour un objet par les autres.

Mais, « La Landelle » c'est un foyer où je sais que j'aurais pu réussir, me reconstruire, me former, me faire aider, et peut-être commencer à panser mes blessures.

Mais ce que je voulais par-dessus tout, c'était retrouver un cocon familial, une famille, que je n'avais pas. Du moins, même si elle me manquait, pas une maman malade et un père pervers.

Fugue de ce foyer le 7 Janvier 2004. 3 filles, B., L., moi, 1 garçon, D.

Envie de partir, s'évader, fuir, quitter ce lieu fliqué... fugue de jeunes en rupture...Mais pas de quoi partir, pas de véhicule, rien pour se payer un taxi...

Seule solution : appeler J. pour qu'il vienne nous chercher. Oh ! Il n'a pas dit non. Il savait que j'étais avec deux filles. Il nous a hébergés la nuit dans son petit studio.

Trois par terre, et moi dans son lit. Je n'ai pas su dire non.

Je faisais semblant de dormir, mais il a commencé à me caresser. J'étais sans forces de nouveau tétanisée. Je me suis laissé faire... bouffée par ce mec.

Alors, B est arrivée. Elle s'est mise entre nous, dans le lit, contre moi, contre Joël.

Je lui avais déjà raconté mon enfance, les sales gestes de J., ses viols même.

Alors, je suppose qu'elle voulait que je dorme, que je sois tranquille. Elle m'a protégée, instinctivement.

Trois jours plus tard, escortés par la Gendarmerie, nous sommes rentrés au foyer.

Salle de réunions, tous les trois avec mes copains fugueurs.

Seuls dans une salle. Au bout d'un moment, D. me demande : « Sarah, pourquoi tu ne vas plus chez ton père ? C'est parce qu'il te touche ? »

Je hurle : « Nooon ».

Il m'annonce que Joël a profité de B., pendant que je dormais. Il l'avait touchée et sûrement ...

Alors j'ai explosé, envoyé tout en l'air dans la salle, frappé la table, renversé les chaises et en hurlant, en pleurs, je me suis précipitée dans le bureau de la chef de service.
En hurlant, criant, tapant, je lui demande de nous conduire à la Gendarmerie :
« Je veux porter plainte pour inceste sur moi et attouchements sur B. »
Elle a compris ma colère, mes larmes, ma détresse et ma souffrance. Et elle m'a crue...
Gendarmerie, caméras, questions, interrogatoires et des salles qui puent... Tout ça pour rien.
Pleins de questions, mes larmes et celles de B., nos histoires d'enfants salis à jamais.
Perquisitions chez Joël. On ne trouve rien, même pas les photos de nus qu'il avait faites de moi. Disparues ou brûlées, je ne sais.
Ce que je sais, c'est que la gendarmerie abandonne l'enquête.
B. plus tard, ne portera jamais plainte.

J'ai demandé un placement en famille d'accueil. Il est accordé mais en même temps, je me rends compte que je vais quitter mon frère W. pour la seconde fois de ma vie.
Je pars en Ariège, à « La Canelle » en Juin 2004. J'ai 13 ans.

Mais je n'y resterai que 10 jours, je suis trop difficile, toujours violente et rebelle à tout.

La famille d'accueil abandonne. Elle ne veut plus de moi. Elle m'abandonne. Encore un abandon.

A nouveau, services sociaux qui viennent me rechercher.

A nouveau, foyer d'urgence à Carcassonne cette fois. Le SAE (Service d'aide à l'enfance)

A nouveau, institution ! Dortoirs, cantine, 10 à table, sans se parler, ou alors pour s'en jeter plein la gueule.

Pourtant pendant 9 mois le Service d'Aide à l'Enfance m'a permis de penser que je pouvais me reconstruire.

Je commençais à en avoir assez de tous ces échecs marre de souffrir pour moi, pour les autres. Pourquoi je vivais dans un monde si puant ?

Alors, les « éducs » de la S.A.E ont été présents pour moi.

Ils ont pu me scolariser, au Collège de « La Conte » à Carcassonne. J'avais presque 14 ans. Sauf que je me foutais presque de tout. J'étais en 5e. Pas rebelle, mais j'angoissais pour tout et tout était un ennemi. Les études, ce n'était pas pour moi.

La seule chose qui m'importait, c'est que j'étais attirée par les femmes.

Un jour, j'ai envoyé une lettre d'amour à une surveillante du collège. Je la lui ai laissée dans son casier. J'étais tombée amoureuse d'elle. Elle m'attirait comme un soleil...

Le lendemain la CPE du collège m'a convoquée. Elle voulait discuter avec moi.

Elle n'a rien entendu et rien compris. C'était un mercredi fin 2004, je me le rappelle comme d'hier.
Sortie du collège à midi, j'attends M. (c'est elle) pour la voir, lui parler et discuter.
Au parking où elle gare sa voiture. Elle m'aperçoit, me dit qu'elle ne souhaite pas me parler, me dit que je ne dois plus la voir, me dit qu'il faut que j'arrête.
Pleurs, chagrin, colère, cris, insultes, ... Rien n'y fait.
Le Principal du collège et la CPE sont là à essayer de me calmer, de me raisonner.
Cris toujours, hurlements quand mon « amoureuse » s'en va.
Pendant ce temps, le Principal a appelé mon éducateur qui vient me chercher. Je me calme,
je l'aime bien, lui... Il me ramène au foyer, trajet silencieux où je ravale mes larmes et mon chagrin.
Le lendemain (jeudi) je retourne au collège comme si de rien n'était.
A l'entrée, le surveillant de garde m'annonce que je suis exclue jusqu'au conseil de discipline qui décidera de mon sort.
Retour au foyer. Punie avec interdiction de quitter ma chambre.

Punie pour aimer une femme, pour le lui avoir dit et montré à ma façon.

Putain ! Quel monde de cons...! Je n'ai fait qu'aimer... Pourquoi je n'y ai pas droit ?

Conseil de discipline du collège et à la question si je veux revenir je crie « oui ».

« Je veux revenir au collège ».

J'ai attendu le verdict.

Et ce jour-là, dans ce préau, face aux toilettes, je n'en menais vraiment pas large. Et puis le cœur qui bat de plus en plus vite, et vous faites les 100 pas et vous tournez en rond devant une porte fermée. Et puis j'ai regardé la psycho et lui ai dit :

- Tu sais, ils vont plus m'accepter, je le sais.

- Sarah, tu ne le sais pas. Ils ont peut-être compris, tu sais...! »

Peut-être cette femme était-elle comme ma., peut-être lui ai-je donné mon amour parce que je ne pouvais pas le donner à quelqu'un d'autre, ma ma. Peut-être...

Quand je suis rentrée dans la classe « du verdict » du haut de mes 14 ans j'ai regardé tout le monde aligné en face de moi, et j'ai dit :

« Donc ?...

— Madame Lepère, a dit le Directeur, le conseil a décidé de vous exclure définitivement de ce collège. Nous sommes navrés mais vous représentez un danger pour Madame N. »

Virée comme une vulgaire délinquante, voilà ce qui m'est arrivé.

Crise de nerfs qui arrive. Je me lève brusquement, renverse la chaise et leur hurle à la figure :

« Allez-vous faire foutre et bonne année…»

Je suis sortie en courant criant, hurlant, pleurant.

L'éducateur m'a rattrapée, a essayé de me calmer en me disant que ça « irait ».

En gros que je devais vivre avec, car j'avais fait une erreur. Nouvel échec, et exclue du collège. (Je me souviens, on est allé au MAC-DO pour la première fois et ils m'ont laissé fumer devant eux).

Je suis hospitalisée pour la première fois à l'UDASPA, unité de soins pour adolescents à Carcassonne. L'UDASPA est un endroit où je retrouve le calme qui me fait défaut. C'est une petite maison dans un quartier calme qui accueille cinq enfants et leurs problèmes. C'est mon petit cocon à l'époque, mon havre. Nous avions de multiples activités éducatives et on oubliait les soucis qui grandissaient en même temps que nous.

J'y ai fait des séjours d'au moins une fois par an… depuis mes 14 ans jusqu'à mes 18 ans. Un souffle calme dans mon tourbillon.

Après ce séjour nouvelle-scolarisation au collège de Grazailles, quelques mois plus tard avec un déménagement inévitable : face à la prison de Carcassonne, prison qui m'a vraiment foutu la trouille.

Voilà comment je suis rentrée de la petite enfance à l'âge adolescent.

J'ai 14 ans.

Lieu de vie « les CAZOTS » et le Collège « COTE RADIEUSE ».

Après un séjour à l'UDASPA, ce lieu de vie collectif, j'ai été placée dans une famille d'accueil « les Cazots » chez M. et R. J'y étais bien, on me laissait faire, on me faisait confiance, je crois.

Parallèlement j'étais scolarisée au collège de la « Côte radieuse ». (J'étais en 5ème. Je l'ai quitté un an plus tard).

Au lieu de' vie, je faisais n'importe quoi. J'avais pourtant le droit de fumer, de sortir à la plage seule. J'étais même inscrite au conseil municipal des jeunes de la mairie de CANET d'AUDE. J'avais tout pour moi. Je faisais du théâtre, on ne me jugeait pas. Je n'étais pas un objet sexuel. (Je me rappelle de mon anniversaire : Ils m'ont offert un livre sur DIANA. Je ne l'ai jamais oublié).

Mais comme si chaque fois que je trouvais un endroit qui m'allait, il fallait que je le casse... les copines, la fumette, l'alcool... La spirale à nouveau, les fugues...

Je n'étais pas capable de vivre sans tout ça. J'étais orpheline d'un bonheur simple. Mon passé me collait aux basques comme une méchante sangsue.

Je savais que j'avais les capacités pour continuer, mais dans un métier. Au vu de mon âge, il me fallait commencer par une préformation. Je suis arrivée à Saint-Papoul au Centre Educatif et Professionnel. (C.E.P)

Je rentrais tous les soirs chez ma mère. J'avais 15 ans. Et je me rappelle que j'avais une chambre pour moi toute seule, mais je ne savais pas comment me comporter dans un espace si petit, dans une si petite maison avec si peu de monde. J'étais différente quand j'étais dans ce foyer et différente quand j'étais chez ma mère. Je ne sais pas pourquoi, je ne comprenais pas les espaces différents et la différence de monde.

Retour au C.E.P. J'ai donc fait, avec l'accord de l'équipe, le tour des ateliers ; j'ai touché à tout : peinture, maçonnerie, placo.

C'est alors qu'un événement s'est produit.

Au mois d'avril 2017, mon père adoptif J., est mort, un mauvais cancer de la gorge qui s'est généralisé. J'étais au CEP de Saint-Papoul et quand je l'ai appris par une copine, ma seule réaction fut « Ah bon ! »

Je n'ai pas eu de réaction, pas éprouvé un sentiment particulier, j'ai simplement dit : « Ah bon... ». ..

Et au fond de moi, un sourire intérieur m'a fait penser que j'allais être libérée de cette présence malfaisante.

Quelques jours plus tard j'ai demandé à l'éducateur de mon frère quand aurait eu lieu l'enterrement.

Il me répondit : « c'était samedi et ta ma. y était. »
Pourquoi elle et pas moi ? Je lui ai posé la question le soir.

Elle m'a répondu qu'elle n'y avait pas été. Je l'ai prise par le col, secouée comme un prunier puis...j'ai arrêté.
Pourquoi m'avait-elle menti ? Pourquoi ne me disait-elle pas la vérité? Quelques années plus tard ma mère m'a avoué qu'elle y était allée et que personne ne m'avait informée, pour me protéger...
Mais me protéger de quoi ? Pourquoi me « couver »comme ça, après tout ce qu'il m'avait fait ?
Encore une fois je ne comprends pas . Une question de plus.

Et puis j'ai eu l'envie de reprendre des cours. Comme si cette mort déclenchait quelque chose de nouveau en moi. L'équipe m'a proposé « la ROUATIERE », des formations « d'aide à la personne ». Je me suis dit pourquoi pas ?
Il me fallait simplement le vouloir. Aller jusqu'au CAP et l'obtenir. A toutes les filles de ma classe on leur a proposé de passer le brevet de collèges en candidat libre.
J'ai d'abord eu peur : je n'avais pas le niveau. Mais peu à peu je me suis convaincu que j'en avais les capacités. J'ai reçu les cours et révisé comme une folle, et plus le temps avançait plus je paniquais. Mais après tout ce temps, je ne pouvais pas me dérober.

Vint le jour « J » attendu et redouté. Trois jours d'épreuves avec les encouragements de l'examinateur. Trois jours et puis … Le résultat, la peur d'être recalée, la joie diffuse de l'avoir. Tout ça mélangé. Et savez-vous ?

Eh bien, je l'ai eu mon BREVET ! ! J'étais tellement heureuse ! Enfin la roue tournait pour moi, j'avais réussi quelque chose de bien. J'avais montré que je pouvais. J'ai prévenu maman qui a hurlé de joie, elle aussi. Je n'étais pas qu'un « cas social ». J'avais mon premier diplôme…
J'ai passé des vacances de rêve. Mais malheureusement, ma première crise m'a frappée. Je ne dois pas être faite pour le bonheur simple.
J'étais en réunion avec tous les membres de l'équipe à CASTELNAUDARY, quand je me mets à délirer de façon sérieuse, si bien que le directeur doit appeler le SAMU. Je suis hospitalisée ; dans mon délire, je croyais rentrer dans un château de princesse. La réalité fut toute autre : chambre, chaise, lit, seau… Une chambre d'isolement. Je n'ai eu droit à ma cigarette que bien plus tard, lorsque je fus calmée : trois semaines dans ce centre fermé. Puis j'ai été transféré à l'UDASPA où,
J'y ai fêté mes 18 ans, le 3 Octobre 2009.

Ma famille.

J'ai 27 ans aujourd'hui. Je sais que ma vie est une succession de coups qui me jettent par terre. Chaque fois je me relève un peu plus amochée, mais debout. J'ai eu une enfance déglinguée, faite de briques mal placées à chaque fois. Après le défi de ma mère pour ma conception, je suis venue au monde dans une famille maternelle qui n'acceptait pas la différence : couleur de peau, orientation sexuelle, façon de s'habiller, choix de vie...

Ma. s'est mariée deux fois sans demander le consentement de ses parents. La première fois avec le père de ma sœur aînée C., la seconde avec mon père adoptif J. Mon grand-père maternel n'est même pas venu au mariage.

Ma. a eu trois enfants en tout avec des maris différents, ce qui la faisait passer pour une « pute » aux yeux de ma grand-mère. Et d'ailleurs quand je suis née, et quand elle est venue me voir pour la première fois, qu'elle m'a vue, elle s'est exclamée :

« A la poubelle... faut la jeter à la poubelle ! »   (Beau départ dans la vie non ?)

Maman, interloquée, a dit que non, qu'elle me gardait. Ma grand-mère a claqué la porte de la clinique. Elle ne viendra me voir que bien plus tard. Elle m'a reçue avec maman pendant mes visites, quand j'étais en famille d'accueil. C'est toute sa contribution.

Mais pourquoi a-t-elle réagi comme ça à ma naissance?

A cause de la couleur de ma peau, noire ?
Ben oui !
C'est aussi simple que ça.

Mes oncles, eux, m'ont acceptée comme ils ont fait avec C. et W. Mais ça été compliqué au début à cause de mon comportement.
Il n'y en a qu'un qui m'a dit en 2015 :
« Si t'es devenue comme ça, c'est la faute à ta mère ».
Puis je me suis dit une chose :
« Sur un point t'as pas tort parce que tu ne connais pas l'homme qu'elle a épousé ».
Maintenant, je peux dire à mon oncle que dans un paquet cadeau de mariage ce n'est pas l'emballage qui compte, mais bien ce qu'il y a à l'intérieur.
Et dans mon cas c'était franchement dégueulasse.
Quand on n'a connu que les foyers, il n'y a pas une famille mais plusieurs, certaines éphémères et une durable.
Mamounette (comme je la surnommais) m'en a donné une, finalement, brinquebalante mais une, W., mon frère et ma grande sœur C.
C., je ne l'ai rencontrée qu'une fois à mes 13 ans, à mes 20 ans et je reviendrai sur cette rencontre.
Avec mon frère W. le courant passe bien, mais quand nous ne sommes pas ensemble. On s'aime bien mais de loin. Par contre ça a tendance à exploser quand on est réunis.

W., c'est toute ma force et paradoxalement mon adversaire de tous les jours en tout et pour tout.

Petits, on arrivait toujours à rendre Mamounette « chèvre ».

Mon frère a été « victime » d'abord dans les foyers et ensuite à la maison.

J'étais considérée comme « le chef » de bande, le mec de la famille, la fille bagarreuse.

Mon frère au début c'était l'inverse, tout doux qu'il était et nous avions une grande complicité.

Il n'aimait pas la violence, la repoussait, et j'ai compris plus tard qu'il avait raison.

Mais à l'époque j'étais obstinée, têtue, violente, peut-être en réponse au manque d'une vraie famille au quotidien, puisque je passais le plus clair de mon temps en foyer.

Quand nous étions réunis, maman, Willy, moi et l'ami de maman du moment, nous ne nous sentions pas toujours bienvenus chez nous ; non pas du fait de maman, mais d'un ressenti tacite issu de mes grands-parents.

Quand j'étais née, ma grand-mère avait dit : « Un troisième avec un noir, c'est juste bon pour la poubelle ».

J'étais la honte. Avoir 3 enfants de 3 unions différentes, passe encore ! Mais un 3ème issu d'une union avec un noir, c'était la goutte d'eau... le dégoût... Voilà mon entrée dans la vie !

Je me dis à ce jour que l'important n'est pas de savoir d'où l'on vient mais de savoir où l'on veut aller. Peut-être est-ce vite dit ?

Je ne vous ai pas parlé de C. ma grande sœur... Elle a sa vie, son compagnon et son fils, (mon neveu que j'aime. Il est la fierté de la famille.)

J'avais 13 ans quand je l'ai rencontrée pour la première fois. Elle m'a fait la morale un jour pendant lequel nous étions en vacances chez maman. Je me suis braquée contre ses remontrances en lui disant qu'elle n'était pas la bienvenue ici.
Je n'ai pas eu de contact jusqu'en 2005 date où elle m'a invitée chez elle. J'ai accepté un peu à contre cœur, mais il ne s'est rien passé de marquant. Elle était plus âgée, plus mûre et n'avait rien à échanger avec moi.
Alors je fus quand même bien heureuse de rentrer chez maman, comme soulagée.

Et puis j'ai aussi de la famille du côté de mon géniteur, celui qui est parti après avoir mis maman enceinte. Il habite au Sénégal à ce jour et je sais que j'ai 7 autres frères et sœur là-bas.
Ils ne doivent pas savoir que j'existe mais je sais qu'il faudra bien que je les rencontre un jour.

L'hôpital, les infirmières et L.

Adolescente, j'étais sincèrement attirée par les femmes plus âgées que moi, peut-être parce qu'elles me paraissaient « sécurisantes ».

Et j'aimais instinctivement, la façon dont elles s'occupaient de moi. Elles représentaient la « maman » au quotidien et j'en attendais beaucoup d'affection. Mais elles n'étaient que des éducatrices et se devaient de garder une certaine distance. Est-ce l'interdiction de ces câlins qui m'amenait à vouloir toujours plus et toujours impossible, moi qui étais mineure ?

Je vous ai déjà parlé de mes séjours en milieu hospitalier pour adolescents et adultes, mais je dois vous parler de Lily.

J'effectuais un à deux séjours par an, pour me calmer, pour m'isoler aussi enfin ! On me « forçait » à m'isoler (et ce n'était pas plus mal), pour me recentrer sur moi-même.

Surtout après avoir passé du temps inutile à cavaler sur les routes, à me mettre en danger et mettre en danger les autres...

J'avais tous les 15 jours un RDV avec une infirmière, et tous les mois avec une pédopsychiatre. J'étais suivie par du personnel féminin, dans un petit centre dépendant de l'hôpital du département. Entre 2003 et 2010, j'étais dépressive et toujours sur les dents. Je me confiais beaucoup à l'infirmière ; dès le départ j'ai eu confiance en elle.

C'est un peu la même chose pour la pédopsychiatre, même jusqu'à aujourd'hui.

Mais quelques années plus tard, j'ai rencontré une femme qui faisait partie du personnel d'encadrement. Elle s'appelait L. En apparence très cool mais elle m'impressionnait. Je ne la voyais que peu souvent, et à chaque rencontre quelque chose d'étrange se développait en moi qui peu à peu s'est transformée en attirance silencieuse ; pendant plusieurs années, j'ai tu tout ceci ; je le gardais pour moi un peu jalousement, mais j'appréciais de plus en plus chacune de mes visites et donc sa compagnie.

Alors je me suis lancée. Je lui ai fait écouter un morceau de musique très explicite pour qu'elle sache ce que je ressentais pour elle. Elle m'a dit d'arrêter ça immédiatement. Je me suis tout de suite braquée, me rappelant comme un coup de fouet ce qui s'était passé avec M. au collège de La Conte.

« Sarah ne me mets pas mal à l'aise, tu vas mettre des barrières entre toi et moi »

Elle s'est approchée pour me faire un câlin que j'ai refusé.

Je lui ai dit : « C'est toi qui a mis la barrière »

On s'est « pris la tête » une autre fois, je me rappelle, on discutait de ma vie, je ne comprenais pas pourquoi. C'était d'elle que je voulais qu'on parle.

Après un moment d'échanges en boucle de ma part, elle a essayé de me convaincre de ne pas m'énerver, de me calmer. Je lui ai répondu qu'elle ne faisait que ça, m'énerver, se moquer de moi, ne pas me croire.
Elle a ajouté : « Tu manques d'affection Sarah ».
Je me suis levée, elle s'est levée et en partant elle m'a serrée fort contre elle.
Alors je n'ai plus eu la force de me sentir fâchée.
Puis sont venus les coups de téléphone de ma part pour me confier et plus je me confiais, plus je retombais dans cet amour que j'éprouvais pour elle, et j'y tombais à pieds joints.
Mais plus je l'appelais quand j'allais mal, plus je savais que j'avais au bout de mon fil une dame qui m'écoutait avec patience, même quand je pleurais.
Pendant deux ans, elle m'a soutenue et conseillée et j'ai ressenti un immense respect pour elle.
J'ai vraiment et sincèrement été amoureuse d'elle. Et mon cœur battait la chamade. Mais maintenant, elle ne fait plus partie de ma vie.
Je pense que je suis sortie grandie et plus mûre de cette relation. Enfin une adulte qui ne s'est pas opposée à moi pour un sentiment avoué, qui n'a pas eu peur de me faire confiance malgré ma fragilité.

En Novembre 2017, dernier épisode marquant de mon début de vie adulte, et pas des moindres.
J'ai eu envie d'être mère, d'avoir une maternité à moi.

J'avais un ancien copain qui lui aussi voulait devenir papa, mais sans mariage sans accroche officielle. Je prenais alors un traitement pour ma pathologie LA DEPAMIDE. Hors, ce traitement n'était pas du tout adapté à une grossesse ; il était même contre indiqué. Il y avait une importante possibilité pour que j'aie un enfant souffrant de tares.

Alors en accord avec ma psychiatre, j'ai décidé d'arrêter le traitement malgré les risques encourus à cause de son interruption. Tout allait bien au début. En Décembre je décide d'aller chez ma. passer les fêtes de fin d'année. Au bout d'une semaine chez elle, je m'aperçois que je n'ai plus envie de rien. Pire je n'ai qu'une envie, celle de dormir. Je passe mes journées à ne rien faire, sur mon lit à fumer joints sur joints, dormir, fumer, dormir...

Ma. ne comprend rien mais je me doute de ce qui est en train de m'arriver. Malgré mon état, début Janvier je décide de rentrer chez moi. Je passe les mois de Janvier comme une loque, à dormir, me réveiller, dormir.

Et arrive le rendez-vous avec ma psychiatre qui remarque mon état de légume. Elle me dit même : « Sarah vous portez la tristesse sur vous, qu'est-ce qui se passe ? ». Je lui réponds que ce n'est pas grave, que je ne me sens pas si mal et que je veux toujours un enfant.

Elle me croit plus ou moins. Mais une semaine plus tard, toujours très mal et en dépit de tout conseil, je décide seule, de reprendre de la DEPAMIDE.

Quelques jours plus tard, je me rends au Secours Populaire où je dis bonjour à tout le monde, sauf à une femme.

Une heure plus tard je suis chez une amie dont le fils connaît cette femme. Et il se met à l'insulter gratuitement, et je commence à monter un scénario catastrophe, dans ma tête, que cette femme me poursuit, me cherche, et que je vais devoir me battre.

Je suis allé acheter une bouteille d'alcool, et quelques heures après je tentais de me suicider. J'étais dans le noir, je ne voyais que du noir.

Transportée aux urgences je suis internée deux mois en psychiatrie à Carcassonne.

J'y resterai de Février à Avril 2018.

Voilà cette parenthèse. Je veux dire que j'ai voulu être mère, vraiment, que j'en aurais peut-être eu besoin, mais que tout fut décidé autrement, la vie le hasard, en dehors de moi, encore une fois.

Plus tard, j'ai compris que je ne voulais plus vivre ces états qui me laissaient comme de retour à un point de départ où tout était à recommencer.

Je voulais simplement sourire, rire, vivre avec le monde, pouvoir regarder le soleil sans crainte. Je voulais une vie simple, même si celle-ci était sans enfant à moi, sans grossesse. Je ne serai jamais mère.

Les rencontres que j'ai faites durant ma vie ne sont pas pour rien dans la persistance de mon état. Et je me souviens de quelques personnes.

J'ai eu un « jumeau » à l'adolescence, GREG qui a été mon confident et confident pour tout. Il était d'une gentillesse extrême, jamais énervé, tout mon contraire : il a été là quand j'étais déboussolée, il était là quand il s'agissait de danser, quand ma deuxième crise est arrivée chez lui. Il m'a soutenue quand j'ai décidé de me faire incorporer, je me souviens aussi de ce dimanche à l'hôtel à Marseille avec lui avant mon incorporation.

Et puis un jour, il a disparu, nos chemins se sont séparés. Comme ça...

En 2017 je l'ai retrouvé mais rien n'était plus comme avant.

Et puis il y eut TONY. Tony il me sortait en boîtes de nuit, On allait au restaurant ensemble, on se posait au bord du canal, on fumait des joints, et puis ce dont je me souviens, c'est de son honnêteté. Ça voulait dire quelque chose pour moi.

Et puis TONY a disparu, enfin, il décède début 2018.

Grand vide. Une partie de moi qui s'écroule, j'ai l'impression d'avoir perdu un frère. Un ami vrai qui a plus que compté. Et puis la vie a continué malgré tout.

Il y a eu aussi Christelle que j'ai rencontrée en boîte. On a dansé, nous nous sommes revues et puis j'ai été invitée à son mariage. J'ai confiance en elle, en son regard sur moi et ma maladie... A ce jour, je l'aime toujours.

Il y a « bichette » rencontrée en Village Vacances à l'âge de 8 ans et qui m'a aidée pour mon emménagement en 2013 à Carcassonne. Elle me fait toujours rire et me comprend, elle, sans me juger.

Il y a Mom un des premiers hommes rencontrés à Carcassonne. Il est Sénégalais et la première fois que je l'ai vu, j'ai cru que c'était mon père tellement il lui ressemblait. Je l'aime comme un frère ; il exprime les choses comme elles sont. Il me ressemble et nous nous respectons.

Et puis aussi Vivi, une femme que je ne pensais pas devenir si importante. Je l'ai connue au Secours Populaire en 2014, j'y étais bénévole. Notre relation était comme avec Lily : simple et compliquée à la fois, mais Vivi était gentille, attentionnée. Et puis elle est venue me voir plusieurs fois lors de mes hospitalisations, après son travail. Je l'aime beaucoup car elle est sincère avec moi.

Et après mes amis il y a mes potes mais là, la liste est un peu longue et je risque de me répéter.

Mais il y eut surtout S., vous savez la maîtresse de l'école PALLEVILLE. Que j'ai aimée comme une mère, comme une sœur. Je souhaiterais la retrouver maintenant simplement pour voir comment elle est, si elle se souvient de ces moments.

Mon désir.

Quand j'ai ressenti un désir autre que le désir logique pour des garçons, j'avais 7 ans. C'est vrai que normalement on aime ses parents, sa famille, ses copains mais ici, je parle du désir charnel, celui qui pousse en avant.

Je devais être précoce sur ce plan-là. Mais est-ce que j'étais dans le bon corps ? Et pourquoi étais-je attirée par d'autres filles ? Mes copines, je voulais qu'elles soient « ma petite amie ». Je regardais les filles comme un homme regarde une bouteille de bière dans le frigo. Mais ce n'était pas le bon corps dans lequel j'étais, non qu'il soit gros ou mince ou que je sois blanche ou noire ! Non. Je me sentais fille/garçon. Mon cerveau me disait une chose, mon corps l'inverse.

Mais les filles me faisaient vibrer et quand l'une me regardait, tout s'arrêtait, mon cœur s'emballait, j'imaginais que j'étais le garçon et elle la fille. Mais à 7 ans que peut-on comprendre, à quoi peut-on réfléchir si ce n'est être possédé par des instincts bruts d'attirance spontanée ?

J'avais eu une expérience avec une fille, S. et j'étais restée avec elle toute l'année scolaire.

Oh ! Certes…Je suis sortie avec des hommes, mais je n'ai jamais ressenti au fond de moi ce que me procurait le regard ou le corps d'une femme. Je n'étais pas à ma place avec eux, je n'avais aucune envie. Avec une femme, je savais qu'elle allait me rendre heureuse, instinctivement.

Quand une femme me regarde, tout s'agite en moi et puis c'est comme une ampoule qui s'allumerait t'annonçant une vague de tendresse qui va t'envahir, te passer dessus.
Un regard de quelques secondes et tout bascule, plus rien ne compte autour.
Pendant des années j'ai galéré à trouver la bonne. Il n'y avait que des flirts sans lendemain. J'étais celle avec qui on essayait « pour la première fois ».
J'ai eu une aventure platonique pendant un an avec une femme, Julie, avec qui je me trouvais à l'hôpital. Mais elle n'était pas déterminée comme moi. Moi je l'ai aimée, elle, elle avait un choix à faire et j'en faisais partie. J'ai attendu pour savoir si elle voulait vraiment de moi.
En 2012 nos routes se sont séparées : elle a quitté l'hôpital. Elle y est revenue en 2013, me voir et j'ai compris qu'elle m'aimait... bien.

Elle venait après son travail passer un long moment en ma compagnie.
A ce moment-là c'était ma seule bouée de sauvetage. Nous sous sommes écrit quand nous le pouvions. Elle m'a avoué qu'elle se sentait différente avec moi et que ceux qui m'avaient fait du mal ne méritaient pas de vivre. C'était mon regard qu'elle aimait en moi.
A ce jour, nous nous sommes quittées. Je pense qu'elle en a eu assez de me supporter, moi et mon passé, mes soucis et ma déprime : je ne faisais rien pour arranger les choses.

Mais je l'aimais, j'aimais ses yeux qui me troublaient, j'aimais son côté attentionné. C'était plus qu'une amie, sans qu'elle soit une mère. Mais c'est terminé aujourd'hui.

J'ai eu une autre liaison en 2014 et j'ai senti que j'allais être encore une fois attachée, peut-être même amoureuse. Elle était très belle et physiquement elle m'attirait beaucoup. On s'est fait plein de confidences, mais comme un feu de paille la relation s'est éteinte. Je le regrette.

Enfin j'aime les femmes mais je n'arrive pas à me les attacher comme si la relation m'était interdite. Peut-être suis-je trop exclusive, trop maladroite, peut-être n'est-ce qu'à sens unique ? Je ne sais toujours pas à ce jour pourquoi l'amour m'est refusé ?

Ma sexualité.

Je vis ma sexualité « en passant », en consommant, en me disant que je vais trouver le grand amour... J'ai été précoce et j'ai commencé à avoir des rapports avec les garçons à 8 ans, je savais déjà comment faire et je jouais avec. Sans pénétration juste un jeu. Ado c'était pareil.

Ce n'est que vers mes 18 ans que j'ai voulu voir si j'étais capable d'Aimer, bien que l'idée puisse paraître absurde. . On ne peut pas « voir » si on aime. Ça tombe dessus c'est tout. Mais bon...

J'ai rencontré un gars qui me plaisait mais après les préliminaires et, au moment où il me pénétrait, il a voulu toucher ma poitrine. C'est comme si on m'avait ébouillantée... Une formidable décharge électrique qui dure et puis un rejet définitif le corps fermé à double tour. Il n'a rien compris, la bouche ouverte. Il est parti.

J'ai rencontré une femme bien plus âgée que moi qui m'a appris la passivité. En 2013, un Noir qui n'aimait que la position du missionnaire. En 2014 ce fut mon ex qui, lui, m'a fait jouir pour la première fois. En 2017 retour vers les femmes quand, un week-end, une fille m'a plus que comblée. Mais depuis ce moment-là, c'est le calme plat.

Avec le temps, je me définis plutôt comme homosexuelle. J'aime les femmes parce que je me sens homme dans le corps d'un homme. Je ne l'expliquerai pas, c'est ainsi.

Petite déjà j'aimais me faire passer pour un garçon : j'y étais aidée par ma posture, mon comportement, la longueur de mes cheveux.

A l'école primaire, souvenez-vous d'une fille qui s'appelait S. La maîtresse m'appelait Sarah mais je racontais à S. que je m'appelais Sébastien.
Et elle me croyait sans poser de questions. Elle aimait ce que j'étais et nous sommes restées ensemble toute l'année très copines, sans que cela se sache vraiment.
Plus tard, les femmes plus âgées m'ont attirée. Et même à ce jour, l'attirance reste la même. Certains thérapeutes qui me connaissent, me disent que mon attitude « est sûrement due à l'absence de père », père que j'ai toujours inconsciemment recherché. Peut-être était-ce dû aussi à l'amour que je portais à ma mère, trop absente à mon gré...

Pourtant, à part quelques expériences homos, je dois avouer aussi que je suis sortie avec des garçons (j'ai même failli me marier en novembre 2014).
Mais ce n'est pas la même « qualité » d'amour que je porte aux deux. Avec les hommes c'est plutôt une habitude liée à mon corps de femme.
Il n'y a pas d'amour véritablement profond comme celui que je donne aux femmes. C'est tout mon être qui aime, pas une partie de moi.
Je vibre de partout quand. Avec un homme, ce ne sont que des gestes.
Cet amour pour les femmes m'a souvent porté préjudice car j'étais amoureuse de personnes qui me soignaient et s'occupaient de moi.

Je m'aperçois maintenant que j'étais dans un second interdit : celui d'être homosexuelle d'abord et celui d'aimer « son docteur ».

Les femmes étaient des « déesses », comme dans la mythologie, souvent inaccessibles. Elles sont dans la douceur, la tendresse la confiance et surtout le respect.

J'ai été bisexuelle, tantôt garçon avec ses coups de poings, tantôt femme en recherchant ce qui me manquait. Aujourd'hui, je suis homosexuelle

Comme on peut s'en douter, mes 18 ans ne se sont pas passés comme je le souhaitais.

J'ai été majeure juste après être sortie d'une crise maniaco-dépressive. Je l'ai fêtée dans une clinique psychiatrique pour adolescents.

Je me souviens de ce Vendredi 2 Octobre. Un infirmier (que j'aimais beaucoup) m'avait préparé un plat réunionnais. J'étais défoncée aux médicaments mais avec ce plat, fait pour moi seule, il m'a émue, il m'a rendue heureuse un moment, moi qui n'avais plus de joie en moi. Mais à la suite de cet anniversaire, belle parenthèse dans ma vie, le Conseil Général décide à nouveau pour moi, à ma place, sans concertation. Je me suis sentie punie en étant majeure qu'est-ce qui cloche encore ? A quoi ça sert d'être majeure ?

J'ai été envoyée dans un « séjour de rupture ». Là-bas, j'y ai vécu l'enfer. Parce que c'est vrai que tout en étant majeure je n'avais droit entre autre, qu'à 3 cigarettes par jour.

Et puis il y avait Madame M qu'il fallait appeler par son prénom et lui dire « vous ».

C'est une chose que je ne savais pas faire : prénom et vouvoiement.

Pour moi le « Vous » est associé au nom de famille.

J'ai passé 6 mois considérée comme une véritable criminelle. On ne savait que faire de moi et on me punissait tout le temps parce que malade, et parce que la maladie on la traîne comme un fardeau.

Après 6 mois passés là-bas, (après chaque vendredi seulement où j'avais le droit de téléphoner à ma mère), j'ai quitté ce lieu pour rejoindre la Foyer des Jeunes Travailleurs de ma ville Castelnaudary.

J'y suis rentrée au mois de mai 2010.

C'était compliqué. J'avais un traitement de cheval et ma responsable était braquée contre moi auprès de la directrice.

Je trimbalais, déjà et encore, une sale image de moi. En rentrant dans ce foyer, comme son nom l'indique, je savais que je devais travailler.

J'ai commencé un stage chez les pompiers de Castelnaudary mais il fallait quelque chose pour me recadrer, mon état de délinquante me collait comme une seconde peau.

J'ai décidé de rejoindre l'école de la seconde chance encadrée par l'armée, à Marseille. J'étais contente ; j'avais l'impression de recommencer à m'en sortir.
Mais j'y suis rentrée par la petite porte, rapport à ma pathologie.
Le premier que j'ai vu, c'est l'infirmier à qui je devais remettre une lettre de ma pédopsychiatre
Il l'a lue et m'a demandé si j'avais l'ordonnance et les médicaments qui allaient avec. Malheureusement je les avais oubliée à Castelnaudary : il fallait que je retourne là-bas les chercher.
Alors, je lui ai tenu tête : j'allais trouver une solution. Il m'a répondu avec une ironie blessante qu'on verrait bien si j'allais être acceptée ici. (Un de plus qui n'aimait pas les malades).
J'ai passé la journée à des entretiens et à la fin, ouf ! J'ai été admise. Mais il me fallait les médicaments. Heureusement, la pédopsychiatre m'a faxée l'ordonnance et j'ai pu les obtenir.
Au début tout allait bien. J'ai même fait le 14 juillet à Marseille. Mais voilà ! Quand, on est bipolaire (ce qui est mon cas), il ne faut surtout pas sauter le traitement, ou même l'arrêter sinon...
Effectivement le 16 Juillet, de retour à Castelnaudary pour les vacances.
J'ai arrêté le traitement. Et commencé à délirer.

A l'issue d'une semaine, j'ai pris le train sans savoir où j'allais et d'errances en errances je me suis retrouvée (comment?) à
Marseille.
Gros délire à partir du Samedi soir : je me rends sur le vieux port, je danse, je me promène dans les rues, le dimanche matin devant la mairie je défile avec les éboueurs, le dimanche soir je dors dans une cage d'escalier, le lundi matin SAMU social me récupère ; j'en profite pour draguer l'infirmière du SAMU, à 17h00 je suis dehors, je me perds dans un quartier inconnu, et, un couteau sous la gorge, des jeunes me demandent ce que je veux ; je réponds une cigarette et du feu, ils me laissent partir… le mardi les pompiers et la police me récupèrent dans un état indescriptible.
Nouvelle hospitalisation à l'hôpital nord de la ville. Les infirmiers qui m'allongent de force et me sanglent. Assommée de médicaments. Je dors pendant 2 jours.
Je me suis réveillée dans une chambre (que je connaissais trop bien pour y avoir déjà séjourné) attachée et surtout enfermée.
Je ne me souviens que d'un moment : le coup de téléphone de mon chef de section qui m'a dit de tenir le coup, qu'on m'attendait à la caserne.
Enfin quelqu'un qui prenait de mes nouvelles et s'intéressait à moi. J'en ai pleuré…
Après quelques semaines l'hôpital m'a laissé sortir. J'attendais la sortie comme on « attend le messie ».

Je suis retournée à l'école de l'armée heureuse, mais la réadaptation, le rythme s'est avéré trop dur pour moi, infranchissable.

Ils n'ont pas pu me garder.

Retour au Foyer des Jeunes Travailleurs de Castelnaudary. Décision de me mettre en postcure le 15 Décembre 2010. J'y suis restée 2 ans. Allers retours entre Limoux et Castelnaudary pendant un an. Mais au bout d'un an je ne vais plus au F.J.T.

Le Conseil Général décide de me supprimer la prise en charge de l'hébergement. Sortie définitive le 11 MAI 2012.

Je n'ai pas compris sur le moment car je me sentais en sécurité au FJT. J'en ai voulu à la terre entière pour cette décision après laquelle j'ai signé une décharge, pensant que maman allait me reprendre. Mais ça ne s'est pas déroulé comme je le souhaitais. J'ai connu la rue pendant un an de 2012 à 2013 avec ses lots de bagarre de drogue de squats... Mais je n'ai jamais oublié la relation avec A.

Je dois avouer que cette relation m'a laissé des traces.

J'ai gardé contact avec elle de 2012 à 2013, j'allais la voir presque toutes les semaines, cette directrice si sage et douce en apparences m'a plu et puis, ce n'était plus ma directrice et elle avait compris tout ça.

Durant cette année elle m'a observée dans la rue (c'est elle qui me l'a dit) et un jour où j'étais en visite et je discutais au FJT, A. est venue vers moi. J'avais une main dans le dos et une sur le comptoir. Elle s'est approchée, a posé sa main sur la mienne, celle qui était dans le dos, et elle a dit : « Vous savez, Sarah voudrait que je sois plus que sa directrice... »
J'étais gênée et j'ai répondu : « eh oui ! » j'ai crié « Aline » pour qu'elle revienne et elle n'est jamais revenue.
Suite à cet épisode, j'ai continué ma vie. Quelque temps après elle m'annonçait son divorce. Après mon emménagement sur Carcassonne lors d'une visite chez ma mère sur Castel, je l'ai croisée elle en voiture et moi à pied, elle s'est arrêtée, m'a serré la main (rien de particulier jusque-là) et m'embrasse sur la joue gauche. Je lui rends son bisou. Elle m'invite au pot de départ d'une éducatrice.
Durant cette fameuse soirée, j'ai voulu l'approcher et elle m'a dit brutalement de dégager. Je suis sortie et le veilleur de nuit a essayé de me calmer en me disant de me reposer. Mais les gendarmes sont arrivés et m'ont demandé de quitter les lieux. Chose que j'ai faite.
3 ans plus tard je lui ai écrit une lettre : elle m'invite à son pot de départ. J'y suis allée et restée 5 à 10 minutes : j'ai quitté les lieux le dos voûté, sans me retourner.
J'aimerais bien comprendre sa réaction, ce nouvel échec, et pourquoi, pourquoi ?

Entre temps les services sociaux m'avaient placée sous curatelle. Avec 10 000 € sur mon compte et 40 € par semaine.

Je me suis rapprochée de W. mon frère qui, à l'époque, avait 24 ans.

Je n'ai pas parlé pendant un mois et fait une grosse dépression.

Hospitalisation pendant 2 mois à l'hôpital « Verdeau Pailles » de Carcassonne. Pendant ce temps j'ai enfin réfléchi sérieusement.

J'ai pu prendre mon autonomie grâce à l'argent bloqué sur mon compte de curatelle. Avoir un appartement.

Personne ne croyait plus en moi, mais ce fut comme si une porte s'ouvrait, comme si je voyais l'horizon et le soleil.

Après 6 ans maintenant je tiens ma barque à peu près à flots. J'ai arrêté alcool et bagarre, je me suis assagie. Et je tiens bon avec un suivi « psy ».

J'ai décidé que professionnellement il me fallait avancer. J'ai entamé une formation d'animatrice au travers du B.A.F.A : il me semble que je revis. J'ai eu malgré moi, une prise de conscience que tout ce que j'avais vécu n'était pas fait pour moi, un petit oiseau fragile qui est venu m'indiquer la direction du soleil.

Maintenant je pense choisir ma vie, avec ses hauts et ses bas.

Même si je suis prisonnière d'un système : je suis obligée de rester à Carcassonne avec obligation de soins sur place.

C'est à moi de prouver que je peux payer ma dette.

Je me suis peu à peu coupée de ma famille, de ma mère. Enfin, coupée n'est pas le mot juste, puisque nous avons de nombreux coups de téléphone avec maman. Je la tiens au courant de mes avancées. W. a 29 ans.

Je voudrais revenir sur ce BAFA, parce que je pense qu'il est à l'origine de ce qui se transforme en moi peu à peu. Je réalise que ma vie va peut-être servir à quelque chose de constructif : aider les enfants, participer à leur éducation et peut-être, pour les plus fragiles, les aider à ne pas agir comme je l'ai fait.

Je m'aperçois que j'ai envie d'apprendre. J'ai soif. Apprendre, pas à l'école mais sur le terrain. D'apprendre à mieux me connaître, à aller vers les autres (pas pour la bagarre) mais pour travailler ensemble. Le BAFA est adapté en ce sens.

Je veux avoir une prise sur ma vie, la vivre sans la subir et surtout, sortir des carcans institutionnels dans lesquels j'ai été enfermée.

Il m'a fallu attendre 26 ans pour que je prenne conscience que la vie valait d'être vécue.

Les enfants ne méritent pas une enfance difficile mais ils peuvent et doivent grandir en toute sécurité, où tout se construit harmonieusement pour une adolescence saine. Ils n'ont pas à payer les pots cassés.

Il leur faut des règles dans l'éducation, dans l'apprentissage de leur vie et il leur faut surtout beaucoup d'amour. Ils n'ont pas à être des victimes ou partager les faiblesses éducatives des parents et leur manque d'écoute.

Rappelez-vous quand j'étais petite, que j'avais apporté un couteau à l'école, j'avais 6 ans. Régulièrement la directrice appelait ma. mais ce jour-là, elle l'a convoquée.

Résultat : ma. m'a retirée de l'école et m'a placée en foyer à Cabrespine sans chercher à me faire comprendre ce qui m'arrivait, pourquoi j'avais un tel comportement.

Elle ne s'est pas battue pour moi, n'a pas essayé de discuter. Un enfant a besoin de ses parents au quotidien, de leurs mots d'encouragement, et non d'un foyer.

Les parents doivent aider l'enfant à bâtir ses propres fondations, en équilibre stable pour construire le mur de sa vie. Si les premières pierres sont inexistantes ou instables, le mûr ne se monte pas droit et continue jusqu'à ce qu'il tombe. Alors à l'adolescence ce n'est pas un mur, c'est un tas de pierres.

Mes fondations ont été catastrophiques et même petite j'avais des déviances sexuelles.

Je n'ai pas demandé à être ce que je suis.

Pourtant je n'en veux pas à m., je ne lui en veux pas comme on pourrait l'entendre, je ne lui en veux pas aujourd'hui. Je me rends compte qu'elle a fait ce qu'elle a pu, avec ce qu'elle avait comme outils en elle.

Elle ne s'est préoccupée que d'elle parce qu'elle

recherchait toujours une relation durable avec un homme. J'étais « son empêcheuse de tourner en rond »
Elle a bien essayé de nous protéger de J., malgré ce que j'ai pu souffrir avec lui. Je ne la juge pas à cette heure, parce que ce n'est qu'une femme devenue mère malgré elle.
Mes grands-parents n'ont pas accepté que ma. se marie deux fois et qu'elle ait des enfants de plusieurs époux. Et même si ma grand mère a eu cette réaction en me voyant pour la première fois, je ne peux pas lui en vouloir. Je ne sais pas ce qu'ils ont vécu dans leur enfance eux aussi. Je les ai toujours respectés. C'est ma famille et je suis un peu de leur sang.
Chacun se bat pour sa propre vie et j'ai le sentiment de commencer vraiment la mienne. Je veux témoigner à travers l'écriture de l'importance de l'éducation et du respect.
Je ne savais que m'opposer dans l'agressivité, je n'ai jamais su saisir les chances qui m'étaient offertes. Je ne réagissais qu'à la douleur comme un animal. Je n'ai jamais appris à gérer ma colère puisque, chaque fois qu'elle apparaissait, les adultes m'opposaient un interdit que je ne comprenais pas. Quand j'ai été sincère en sentiments les portes se sont fermées encore et encore.
Maintenant je parle à un psychiatrique quand je ne vais pas bien et j'ai aussi une amie qui m'aide à prendre du recul sur mes paroles. Si je sens que je n'y arrive pas, j'écris tout ça, tout simplement.

Les groupes de substitutions à ma famille m'ont inculqué que la punition tombe en société si la règle n'est pas respectée.

Où en serais-je sans ce « tout petit peuple » ?

Est-ce que ce sont les douleurs à répétition, mon sentiment de solitude qui m'a aidée à cette prise de conscience ?

Est- ce que la maturité s'acquiert dans la souffrance et l'isolement ?

Ai-je une bonne étoile ? (on me l'avait dit quand j'avais 13 ans)

Est-ce cette succession de faits additionnée de volonté qui construit ce que je deviens ?

Est-ce l'écriture que je découvre qui me transforme à ce point ? Est-ce qu'elle me guide à ce point pour ne plus recommencer ?

En tout cas, elle me guide aussi à petits pas vers ce que je considère comme la liberté, celle d'être acteur de ma vie.

Je suis comme un « addict » en abstinence volontaire. C'est mon choix.

Est-ce le moment de ma résilience ?

Avant de terminer ce livre je voudrais vous confier ma première lettre d'amour écrite il y a quelques jours à C.
Peut-être ne suis-je qu'une fleur bleue blessée, à la recherche de son temps perdu ?
Peut-être ne sera-t-elle qu'une bouée de plus jetée au ressac de la houle ?
Peut-être trouvera-t-elle sa destinataire ?
En tout cas, je l'ai écrite avec du soleil et des larmes de bonheur.

« Je t'écris, toi
j'ai voulu t'oublier mais...
ETE 2013 première rencontre
premiers échanges et puis rien.
Un an passe.
ETE 2014 regards premiers frissons puis...
3 ans passent mais pas mes sentiments
Ils se renforcent même.
AUTOMNE 2017
Premières main-dans-la main et puis,
le cœur qui s'arrête.
As-tu senti ce jour-là, quand tu m'as retenue, que tu as fait une belle action ? Que je suis née, à nouveau ?
Que tout allait commencer, recommencer ?

HIVER 2017
Morsure de lèvres pendant que tu me parles
parler d'amour oui mais avec toi.
PRINTEMPS 2018
Partir. Proposition de ma part
aux Etats-Unis avec toi...
deux secondes seulement de silence
et puis le oui de ta part
et un peu plus tard oui avec mes enfants.
ETE 2018
Un au revoir. Jusques à quand ?

Ma chérie, je te porte en moi, dans mon cœur
quand je ferme les yeux, ton visage apparaît
et mon cœur qui sourit.   Tu te reconnais ?

Je n'attends qu'une chose : mais n'est-elle pas encore une fois hors de portée, hors de ma portée? Hors de mes forces ?

ACHEVE D'ECRIRE LE 14 AVRIL 2019 A CARCASSONNE.